Dominique Temple

LÉVISTRAUSSIQUE

La réciprocité et l'origine du sens

Collection *réciprocité*

N° 6

ISBN 979-10-97505-05-9

1ère publication dans *Transdisciplines, Revue d'épistémologie critique et d'anthropologie fondamentale*, Paris, L'Harmattan, avril 1997, pp. 9-42.

SOMMAIRE

Introduction

Claude Lévi-Strauss dit, lorsqu'il affronte la magique notion de *mana,* dans son « Introduction à l'œuvre de Marcel Mauss », que le langage n'a pu naître que tout à coup.

« *À la suite d'une transformation dont l'étude ne relève pas des sciences sociales, mais de la biologie et de la psychologie, un passage s'est effectué, d'un stade où rien n'avait un sens, à un autre où tout en possédait* »[1].

Que le monde ait signifié d'un coup, que l'homme ait eu le sentiment d'une révélation immédiate et totale, les traditions les plus anciennes l'attestent. Mais pourquoi cet événement fondateur s'inscrirait-il dans l'évolution psychologique ou biologique de l'homme dont les mutations sont plutôt progressives et complexes ? Pourquoi l'avènement du sens ne serait-il pas simultané pour soi et pour l'autre, et quel serait alors le lieu d'origine de la fonction symbolique ? Ne serait-ce pas une *relation sociale* particulière qui pour n'avoir pas de précédent dans la nature aurait permis l'apparition soudaine mais systématique du *sens* ?

---

1 Claude Lévi-Strauss, « Introduction à l'œuvre de Marcel Mauss » dans Marcel Mauss, *Sociologie et anthropologie*, Paris, PUF (1950), 1991, p. XLVII.

Certes, biologie et psychologie sont convoquées à ce rendez-vous avec l'histoire humaine. Mais où naît la parole, partout se trouve la même matrice : la *relation de réciprocité*. En remettant les clefs de l'avènement de la conscience à la biologie et à la psychologie, le maître de l'anthropologie structurale fait preuve de trop de modestie. Personne d'ailleurs n'a apporté plus d'arguments que lui pour étayer l'idée que la fonction symbolique prend siège dans la *relation de réciprocité*.

– La première partie de cette analyse (« De Mauss à Lévi-Strauss ») évoque la conclusion de Marcel Mauss : *la réciprocité des dons est un langage*.

– La deuxième partie (« La naissance de la fonction symbolique ») rappelle que ce langage peut être comparé à celui dont s'occupent les linguistes, et comment pour Lévi-Strauss sa naissance est liée à l'*échange*.

– Dans la dernière partie (« La réciprocité est-elle la matrice du sens ? ») les catégories proposées par Lévi-Strauss seront organisées de façon à mettre en évidence le rôle de la *réciprocité* dans la genèse du *sens*.

I

De Mauss à Lévi-Strauss

Le don et la réciprocité ont été redécouverts en 1922 par Bronislaw Malinowski[2], dans les sociétés trobriandaises : *Les Argonautes du Pacifique*. En 1923, Marcel Mauss[3] publie *L'Essai sur le don*. Il montre que toutes les sociétés humaines, hors la nôtre, ont une économie régie par la réciprocité des dons (les fameuses *obligations* de *donner, recevoir et rendre*, ordonnées au *mana*).

Mais la suprématie de la société occidentale suggère fortement que l'échange soit la forme la plus évoluée des prestations humaines. La solution la plus commode pour relier *échange* et *réciprocité* est d'interpréter la réciprocité comme un échange archaïque. Il faut alors réduire le *mana*, auquel les références indigènes ordonnent la réciprocité, à une valeur qui puisse s'échanger.

---

2   Bronislaw Malinowski, *Argonauts of the Western Pacific*, 1922. Trad. fr. *Les Argonautes du Pacifique Occidental*, Paris, Gallimard, 1963.
3   Marcel Mauss, « Essai sur le don. Forme et raison de l'échange dans les sociétés archaïques», in *L'année sociologique*, 2ème série, t. 1, Paris (1923-1924), rééd. *Sociologie et Anthropologie*, Paris, PUF, 1950.

Mauss attribue le *mana* au donateur. Il en fait une propriété spirituelle. Il croit que donnant quelque chose on donne de *soi*. Les cadeaux, dans les rencontres entre bandes primitives, dit-il, sont l'équivalent de *sentiments*, ils sont pareils aux cris, aux larmes, aux embrassades :

« *Ces cris, ce sont comme des phrases et des mots. Il faut les dire, mais s'il faut les dire, c'est parce que tout le groupe les comprend. (...) C'est essentiellement une symbolique* »[4].

Cris, pleurs, cadeaux, femmes... sont des paroles pour entrer en communication avec autrui, obtenir son intégration à l'unité du groupe.

L'idée que le don *est don de soi* entraîne cette autre idée qu'il crée une dépendance pour autrui, car en réalité le *mana* – l'*être* du donateur – serait inaliénable. Celui qui en recevrait le symbole, le donataire, serait obligé soit de le restituer au donateur, soit de rester sous sa dépendance.

L'interprétation que Mauss propose du *hau* des Maori semble corroborer cette thèse. Le *hau* maori est le *mana*, la *force d'être* du donateur qui accompagne l'objet donné, et qui, où qu'il aille, devra revenir.

Selon Marshall Sahlins[5], les Maori le diraient explicitement : les chasseurs retournent à la forêt une partie du don reçu d'elle (les oiseaux que tuent les chasseurs) grâce au prêtre – *tohunga* – qui accompagne le don de retour d'un petit talisman – le *mauri* – incarnation

---

4 Marcel Mauss, « L'expression obligatoire des sentiments » (rituels oraux funéraires australiens), in *Journal de psychologie*, 18, 1921, rééd. *Essais de Sociologie*, Paris, éditions de Minuit, 1968-1969, p. 88.

5 Marshall Sahlins, *Stone age economics*, 1972. Trad. fr. *Âge de pierre, âge d'abondance*, Paris, Gallimard, 1976.

du *hau*, l'esprit du don. Le *mauri* est un gage, le symbole du "soi", rendu à la forêt, et ajouté à l'utilité des choses rendues comme témoignage de ce qu'il ne s'agit pas d'un échange intéressé de façon immédiate mais d'un don de bienveillance, qui engendre un lien de dépendance, utile selon Sahlins pour que le cycle du don soit reproduit. Les Maori échangeraient une *valeur d'être* – le *mana* – contre des biens matériels (le *mauri* contre de nouveaux oiseaux).

L'ÉCHANGE SYMBOLIQUE

Selon Mauss, les relations des communautés primitives sont des "prestations totales" où tout s'échange, l'âme et les choses, car les primitifs ne sauraient séparer ce qui est de l'ordre de l'affectivité et ce qui est de l'ordre de l'utilité, ils ne sauraient dissocier le sujet de l'objet, ni opposer leurs intérêts. Ils mélangeraient tout dans une appréhension globale.

Plus tard, s'instaure "l'échange-don" dans lequel l'âme et les choses sont encore mêlées. Pour partager du *soi* – du *mana* – il faudrait donner dans l'intérêt de l'autre. Un échange négatif en termes d'utilité serait ainsi un échange positif en termes de bienveillance. Devenu conscient de cette équivalence, chacun escomptera bientôt que la bienveillance d'autrui se convertisse en avantages concrets, de sorte que l'amitié ne sera plus aussi désintéressée qu'il y paraît.

11

Aristote constatait dans le même sens que :

« S'il est beau de faire du bien sans esprit de retour et utile d'en recevoir, tout le monde ou à peu près aspire au beau mais choisit l'utile... »[6].

L'échange de bienveillance est un échange symbolique dont le secret est l'intérêt de chacun. Le soi ne s'aliène pas définitivement, il est seulement étendu à autrui comme une tutelle, et devient ainsi l'assurance que les biens donnés sous son nom reviendront. L'échange de soi n'est qu'un échange d'intérêts secrets.

Nombreux sont les ethnologues qui diront que le fin mot du don est le prêt, voire le prêt à intérêt. Mauss lui-même le suggère. Lorsque l'échange intéressé l'emportera, le don deviendra paradoxal et dérisoire, manifestation d'ostentation, tentative de prouver à l'autre que l'on est tellement riche que l'on peut lui "jeter de la richesse à la figure". Mauss fait parfois de la dépense de prestige un corollaire non de la bienveillance mais de la superbe, mais il hésite à toujours subordonner la bienveillance à l'intérêt.

Finalement, l'hypothèse que dans les prestations totales, la bienveillance puisse être désintéressée, que le sacrifice de son intérêt puisse témoigner de l'amitié, permet à Mauss d'imaginer que l'humanité progresse par la dissociation d'un espace économique régi par l'intérêt, d'un espace où le bien spirituel est pris en considération de préférence à l'intérêt. À l'origine, tout serait échange

---

6 Aristote, *Éthique à Nicomaque*, traduction et commentaire par Gauthier, R. A. & J. Y. Jolif, Publications Universitaires de Louvain, 1958, (3 vol.), VIII, XIII, 8.

du spirituel et du temporel. L'évolution serait bifide, une branche donnerait l'échange économique, l'autre l'échange symbolique. Mais la thèse de Mauss ne se libère pas de l'idée d'échange.

Le don transmettrait donc une valeur utile en échange de l'amitié, et la réciprocité des dons ajouterait la confiance aux échanges de biens. Mauss va plus loin encore : par la réciprocité, les deux âmes se confondent, deviennent un ciment unique. Les présents, dit-il en prenant exemple chez les Andaman décrits par Radcliffe-Brown, « *scellent le mariage, forment une parenté entre les deux couples de parents. Ils donnent aux deux "côtés" même nature* »[7].

Le *mana* est plus que *lien*, il acquiert une *nature* qui lui est propre comme celle du ciment entre les pierres. Selon de telles expressions, le *don de soi* aurait pour résultat une commune référence grâce à laquelle désormais les biens appartiendraient à tous et devraient être partagés. Mais alors s'introduit une idée nouvelle, celle de la production de cette valeur qui n'est pas dans les choses données. Le don *produit* du *lien social*, du *mana*.

On peut ainsi imaginer que les hommes soient désireux de construire du *mana*. Mauss cite les Kanak :

« *Nos fêtes sont le mouvement de l'aiguille qui sert à lier les parties de la toiture de paille pour ne faire qu'un seul toit, qu'une seule parole* »[8].

Les Kanak donnent la priorité à l'idée d'une chose commune et nouvelle, *un seul toit, une seule parole*, comme si un tel lien avait plus de valeur que les valeurs données.

---

7   Mauss, « Essai sur le don », *op. cit.*, p. 173.
8   *Ibid.*, pp. 174-175.

Chacun ne dispose pas tant d'une valeur qu'il voudrait échanger contre celle de l'autre, qu'il ne désire le fruit de la réciprocité, le *lien social*. Il n'est pas possible de réduire l'amitié à l'équivalence de deux bienveillances. Les deux bienveillances cousues ensemble par l'aller et le retour de la réciprocité engendrent une valeur nouvelle : la *philia* d'Aristote – l'amitié – qui donne aux uns et aux autres une parenté, une identité d'une *nouvelle nature*.

LA NATURE DU *MANA*

Mais là commence un paradoxe ! Mauss ajoute en effet :

« *(...) cette identité de nature est bien manifestée par l'interdit qui, dorénavant, tabouera, depuis le premier engagement de fiançailles, jusqu'à la fin de leurs jours, les deux groupes de parents qui ne se voient plus, ne s'adressent plus la parole, mais échangent de perpétuels cadeaux. En réalité, cet interdit exprime, et l'intimité et la peur qui règnent entre ce genre de créditeurs et ce genre de débiteurs réciproques. Que tel soit le principe, c'est ce que prouve ceci : le même tabou, significatif de l'intimité et de l'éloignement simultanés, s'établit encore entre jeunes gens des deux sexes qui ont passé en même temps par les cérémonies du "manger de la tortue et manger du cochon", et qui sont pour leur vie également obligés à l'échange de présents »*[9].

---

9 *Ibid.*, p. 173.

L'*identité nouvelle* est le fruit d'une structure désormais pérennisée dans laquelle *l'attraction est égale à la répulsion, la proximité est égale à l'éloignement*. Le lien social nouvellement apparu est une affectivité qui semble *contradictoire en elle-même*, (*l'intimité et la peur simultanées*, dit Mauss). Le *mana* ne se réduit pas à deux bienveillances confondues, à une fraternité idéale. Il est une *identité de nature*, mais cette *nature* ne se compare pas à ce qui préexiste, c'est une *nature* spécifique à ce qui est *entre* l'identique et le différent, *entre* le proche et le lointain, *entre* l'ennemi et le parent, *entre* l'union et la séparation. Elle est celle d'un *milieu entre des termes contraires*.

Le *mana* est une parenté nouvelle non plus biologique mais qui fonde la culture par rapport à la nature, une parenté spirituelle. Cette définition du *mana*, qui est au moins celle des Andaman et des Kanak, est la même que celle reconnue par Aristote pour l'*areté*, la *philia* et la *charis* (la valeur, l'amitié et la grâce). Lorsque Aristote s'interroge sur l'*areté* – la valeur – il remarque qu'elle est toujours le *juste milieu* entre deux extrêmes[10]. Le courage, par exemple, est le *juste milieu* entre la témérité et la lâcheté. L'un des extrêmes est considéré comme un excès et l'autre comme un manque ; l'un est donc antagoniste de l'autre. Et le courage est le milieu entre ces deux contraires.

---

10 Aristote, *op. cit.*, II, 6, 1107 a 2.

Lévi-Strauss conteste que la réciprocité des dons soit motivée par un lien affectif, hypothèse qui séduisait Mauss au point qu'il se demandait si la seule raison de la réciprocité des dons n'était pas le *mana* lui-même, c'est-à-dire la "valeur morale" de Radcliffe-Brown, qui disait :

« *Malgré l'importance de ces échanges, comme le groupe local et la famille, en d'autres cas, savent se suffire en fait d'outils, etc., ces présents ne servent pas au même but que le commerce et l'échange dans les sociétés plus développées. Le but est avant tout moral, l'objet en est de produire un sentiment amical entre les deux personnes en jeu, et si l'opération n'avait pas cet effet, tout en était manqué* »[11].

Lévi-Strauss reproche à Mauss de se laisser mystifier par les magiciens indigènes qui recourent, chaque fois qu'ils doivent justifier d'événements qui leur paraissent inexplicables, au *mana* comme à un *signifiant flottant, vide de sens, une valeur symbolique zéro*, un terme neutre, un passe-partout qui pourrait servir à tout en suppléant de façon magique à la raison des choses.

Mais il admet que le don apporte une valeur nouvelle, un lien d'amitié[12]. Dans les sociétés primitives,

---

11 Mauss, « Essai sur le don » , *op. cit.*, pp. 172-173. (Cf. Alfred Radcliffe-Brown, *Andaman Islanders*, 1922).

12 « *En quoi consistent les structures mentales auxquelles nous avons fait appel et dont nous croyons pouvoir établir l'universalité ? Elles sont, semble-t-il, au nombre de trois : l'exigence de la Règle comme Règle ; la notion de réciprocité considérée comme la forme la plus immédiate sous laquelle puisse être intégrée l'opposition de moi et d'autrui ; enfin, le caractère synthétique du Don, c'est-à-*

on donnerait pour créer l'alliance. Lorsqu'un don est relayé par un contre-don, on peut dire, à condition d'appeler "échange" la "réciprocité des dons" :

« *qu'il y a bien plus, dans l'échange, que les choses échangées* »[13].

L'on pourrait donc croire que Lévi-Strauss situe dans l'acte lui-même du don la valeur de celui-ci. Il cite Susan Isaacs[14] :

« *Les enfants n'éprouvent pas tellement de l'amour du fait des cadeaux ; pour eux le cadeau est amour. Leur amour est plutôt fonction du fait de donner que du don lui-même. Pour eux, l'acte de donner et le don sont, à la fois et proprement, amour* ».

C'est même cette "relation à autrui" qui donne sa valeur au don : « *ce qui donne à l'objet sa valeur, c'est la "relation à autrui"* »[15].

Mais, pour Lévi-Strauss, cette relation de don à autrui se retourne en une réciprocité d'intérêts, et donc en échange :

« *Ce qui est désespérément désiré, ne l'est que parce que quelqu'un le possède. Un objet indifférent devient essentiel par l'intérêt qu'autrui y porte ; le désir de posséder est donc, d'abord et avant tout, une "réponse sociale". Et cette réponse doit être comprise en termes de pouvoir, ou plutôt d'impuissance : je veux*

---

dire le fait que le transfert consenti d'une valeur d'un individu à un autre change ceux-ci en partenaires, et ajoute une qualité nouvelle à la valeur transférée. » Claude Lévi-Strauss, *Les structures élémentaires de la parenté*, Paris-La Haye, Mouton (1947), 1967, chap. VII, p. 98.

13 *Ibid.*, p. 69.

14 *Ibid.*, p. 100. (Cf. Susan S. Isaacs, *Social Development in Young Children*, Londres, 1933).

15 *Ibid.*

posséder parce que, si je ne possède pas, je ne pourrai peut-être pas obtenir l'objet si jamais j'en ai besoin ; "l'autre" le gardera pour toujours. Il n'y a donc pas contradiction entre propriété et communauté, entre monopole et partage, entre "arbitraire" et "arbitrage" ; tous ces termes désignent les modalités diverses d'une tendance, ou d'un seul besoin primitif : le besoin de sécurité »[16].

Ces considérations se rapportent à l'enfance, mais c'est la même analyse qui prévaut dans l'étude de la rencontre des bandes de Nambikwara du Brésil central. Ces communautés se rapprocheraient l'une de l'autre car chacune convoiterait les objets possédés par l'autre.

Lorsqu'il interprète la polygamie chez les Nambikwara, Lévi-Strauss affirme que l'individu abandonne au chef la femme à laquelle il pourrait prétendre contre la sécurité que celui-ci peut lui assurer[17]. L'alliance elle-même est donc ramenée à l'utilité ; la confiance ou la paix au besoin de sécurité.

On échange donc l'utile contre l'alliance, mais parce que l'alliance est utile. On voit le paradoxe : tantôt l'échange est ramené au don réciproque, et apparaît aussitôt une valeur qui n'est pas constituée dans les objets donnés, tantôt le don est ramené à l'échange proprement dit, c'est-à-dire à la satisfaction d'intérêts individuels ou collectifs dûment répertoriés.

---

16 *Ibid.*

17 « *En le reconnaissant* (le privilège du chef polygame), *le groupe a échangé les "éléments de sécurité individuelle" qui s'attachaient à la règle monogame contre une "sécurité collective" qui découle de l'organisation politique* ». *Ibid.*, p. 51.

Lévi-Strauss martèle le primat de l'échange :

« *Parce que le mariage est échange, parce que le mariage est archétype de l'échange, l'analyse de l'échange peut aider à comprendre cette solidarité qui unit le don et le contre-don, le mariage aux autres mariages* »[18].

« *L'émergence de la pensée symbolique devait exiger que les femmes, comme les paroles, fussent des choses qui s'échangent. C'était en effet, dans ce nouveau cas, le seul moyen de surmonter la contradiction qui faisait percevoir la même femme sous deux aspects incompatibles : d'une part, objet de désir propre, et donc excitant des instincts sexuels et d'appropriation ; et en même temps, sujet, perçu comme tel, du désir d'autrui, c'est-à-dire moyen de le lier en se l'alliant* »[19].

On voit s'imposer l'idée d'échange entre deux intérêts, la jouissance de la femme et la sécurité que l'on veut obtenir de l'alliance d'autrui. Tout est mesuré en intérêts (la femme comme objet sexuel, ensuite l'alliance comme besoin de sécurité).

Cette lutte d'intérêts crée cependant une *situation contradictoire* – l'appréhension de la femme sous deux aspects incompatibles : objet du désir propre et du désir d'autrui – sentiment *contradictoire en lui-même*, qu'il s'agit de dépasser.

---

18 *Ibid.*, p. 554.
19 *Ibid.*, p. 569.

Lévi-Strauss retrouve le même phénomène à la naissance de la parole. C'est une *situation contradictoire* qui rend nécessaire la médiation de la fonction symbolique.

« *Dès qu'un objet sonore est appréhendé comme offrant une valeur immédiate, à la fois pour celui qui parle et celui qui entend, il acquiert une nature contradictoire dont la neutralisation n'est possible que par cet échange de valeurs complémentaires, à quoi toute la vie sociale se réduit* »[20].

Que veut dire cette *nature contradictoire* ? De la même façon qu'une femme devient l'enjeu de deux désirs antagonistes, le désir sexuel qui implique sa possession et le désir de la paix avec autrui qui implique son abandon, tout ce qui est à la fois porteur d'une même valeur pour soi et pour autrui acquiert une *nature contradictoire*. Comment dépasser cette situation ?

« *Comme dans le cas des femmes, l'impulsion originelle qui a contraint les hommes à "échanger" des paroles ne doit-elle pas être recherchée dans une représentation dédoublée, résultant elle-même de la fonction symbolique faisant sa première apparition ?* »[21].

Le mot "échanger", lorsqu'il intéresse des paroles, Lévi-Strauss le met donc entre guillemets. Il s'agit d'un échange fondé sur une *représentation dédoublée* de cette *appréhension contradictoire*, dédoublée en deux valeurs opposées mais complémentaires. Cette première

---

20 Claude Lévi-Strauss, *Anthropologie structurale*, Paris, Plon (1958), rééd. 1974, Tome I, pp. 70-71.
21 *Ibid.*, p. 70.

modalité de la fonction symbolique, Lévi-Strauss l'appelle le *principe d'opposition*.

L'invention de l'opposition *sœur-épouse* permettra à chacun d'adresser à autrui sa sœur contre la sienne, et de se procurer à la fois l'alliance et la jouissance. Mais quelque chose précède désormais l'échange : cette *représentation dédoublée*, ce *principe d'opposition* qui vient remplacer une *appréhension contradictoire en elle-même*.

Une telle "représentation" est destinée à la communication, elle postule que l'un des deux termes de l'opposition signifie pour l'un quand l'autre terme signifie pour l'autre. Que chacun puisse se trouver par symétrie ou alternance dans la position de l'autre, il pourra substituer l'une de ces représentations par l'autre. L'échange devient possible d'une sœur contre une épouse parce que ces notions sont corrélées entre elles. L'une ne peut exister sans l'autre.

L'un des termes de l'opposition est par exemple le signe de la proximité ou de l'identité, l'autre celui de l'étrangeté ou de l'altérité. Ce n'est pas une propriété particulière, dit Lévi-Strauss, qui rend la femme propre ou impropre au mariage, mais le fait d'assumer une situation d'altérité, au point que, si dans une communauté primitive vos adversaires ont ravi vos sœurs, du fait même que celles-ci se retrouvent en face de vous, elles peuvent devenir vos femmes car vous pouvez les désigner comme *autres* [22].

---

22 Cf. Lévi-Strauss, *Les structures élémentaires de la parenté, op. cit.*, chap. VIII L'alliance et la filiation, pp. 132-135.

L'application symétrique de ce *principe d'opposition* définit un cadre de réciprocité pour *l'échange*. Ce qui est pensé pour soi-même, l'est en effet pour l'autre.

Pour Lévi-Strauss, nous avons donc la séquence suivante :

1/ Une situation donnée offre à certains enjeux une *nature contradictoire* ;

2/ neutralisée par la fonction symbolique faisant son apparition avec le *principe d'opposition*, et qui consiste à donner de ces enjeux une *représentation dédoublée* en deux termes opposés et complémentaires ;

3/ grâce à laquelle *représentation* chacun peut échanger avec l'autre quand il se trouve dans une position symétrique.

Mais est-il nécessaire d'imaginer la convoitise des uns et des autres sur des objets donnés pour engendrer une "situation contradictoire" ? Celle-ci n'est-elle pas systématiquement engendrée par toute relation de réciprocité ?

Nous allons préciser quel rôle Lévi-Strauss donne à la réciprocité entendue comme structure psychologique vis-à-vis de l'échange. Nous nous interrogerons ensuite sur la fonction symbolique telle que la décrit Lévi-Strauss pour mettre en évidence qu'elle peut se manifester non pas seulement par une mais par deux modalités initiales. Cette observation permettra de remettre en cause les conditions d'origine que l'on avait cru pouvoir lui attribuer.

II

La naissance de la fonction symbolique

LA CONTROVERSE SUR L'ÉCHANGE ET LA RÉCIPROCITÉ

Peut-on toujours soutenir que l'échange précède la réciprocité comme si la réciprocité n'était qu'une relation de symétrie entre deux partenaires intéressés par l'échange ? S'il s'agit de l'échange au sens moderne du terme, l'échange de valeurs réifiées, la réponse est négative.

Dans une des grandes polémiques des *Structures élémentaires de la parenté*, Lévi-Strauss établit que la réciprocité précède l'échange. Frazer[23] avait observé dans de nombreuses communautés australiennes, que le système classificatoire en usage indiquait que la fille du frère de la mère (cousine croisée) avec laquelle le mariage est prescrit, était aussi la fille de la sœur du père (deux fois cousine croisée). Frazer avança l'idée que la base des relations matrimoniales était un simple échange de sœurs à la première génération, puis de cousines aux générations suivantes.

---

23 James George Frazer, *Folklore in the Old Testament*, (3 vol.), London, 1919.

Mais, alors, il se trouve devant une énigme : pourquoi dans ces communautés les mariages entre cousins parallèles sont-ils prohibés ? Les cousines parallèles (fille du frère du père ou fille de la sœur de la mère) n'ont-elles pas même valeur d'échange que les cousines croisées (fille du frère de la mère, fille de la sœur du père) ?[24].

Lévi-Strauss répond que, pour résoudre l'énigme, il faut, avant de penser l'échange individuel, penser la réciprocité, et pour cela partir du *principe d'opposition*[25] : un homme reçoit une femme, et l'on peut affecter cette prestation du signe « moins », dont les enfants héritent. Si son frère reçoit également une femme, ses enfants héritent du même signe « moins ». Les cousins (dits parallèles parce que les parents communs sont de même

---

24 Pour Frazer, les choses sont claires : le mariage matrilatéral est une forme du mariage entre cousins croisés qui se déduit lui-même de l'échange des sœurs : « *"Il est raisonnable* (déclare Frazer) *de supposer que dans toutes les tribus australiennes qui ont permis ou favorisé le mariage entre cousins croisés, ce type de mariage est né comme une conséquence directe de l'échange des sœurs, et qu'il n'y a pas d'autre explication. Il est raisonnable, aussi, de supposer que l'échange des sœurs découle directement de la nécessité économique de payer une épouse en nature, en d'autres termes, de donner une femme en retour pour la femme qu'on a soi-même reçue en mariage."* » (Lévi-Strauss, *op. cit.*, p. 158).

25 « *Mais s'il est vrai – comme nous essayons de le démontrer ici – que le passage de l'état de nature à l'état de culture se définisse par l'aptitude, de la part de l'homme, à penser les relations biologiques sous la forme de systèmes d'oppositions (…), il faudra peut-être admettre que la dualité, l'alternance, l'opposition et la symétrie (…) constituent, moins des phénomènes qu'il s'agit d'expliquer, que les données fondamentales et immédiates de la réalité mentale et sociale, et qu'on doit reconnaître en elles les points de départ de toute tentative d'explication.* » (*Ibid.*, pp. 157-158).

sexe) sont donc de même signe (ils héritent les uns et les autres d'une dette d'une femme). Par contre, si un homme donne sa sœur en mariage, cette prestation sera connotée d'un signe « plus », dont héritent ses enfants. L'homme qui la reçoit est au contraire marqué du signe « moins », et ses enfants héritent de ce « moins ». Les cousins (cousins croisés car les parents communs sont de sexe opposé) sont de signes différents puisqu'ils héritent les uns d'une créance, les autres d'une dette. L'échange n'a lieu que si la femme est marquée du signe de l'altérité, c'est-à-dire qu'il n'a lieu qu'entre cousins croisés[26]. Voilà donc récusée la théorie de la primauté de l'échange...

On peut dire que l'échange est rejeté en aval de la réciprocité. La réciprocité est conçue comme l'application par chaque partenaire du *principe d'opposition* nécessaire pour définir *l'altérité*. Et le *principe d'opposition*

---

26 « *Frazer conçoit l'échange des épouses comme une solution commode au problème économique de savoir comment on peut se procurer une femme. Il affirme à plusieurs reprises que l'échange des sœurs et des filles "a été partout, à l'origine, une simple opération de troc". ( ) Nous avons, au contraire, postulé d'abord la conscience d'une opposition : opposition entre deux types de femmes, ou plutôt entre deux types de rapports où l'on peut être vis-à-vis d'une femme : soit sœur ou fille, c'est à dire femme cédée, soit épouse, c'est-à-dire femme acquise ; femme parente ou femme alliée. Et nous avons montré comment, à partir de cette opposition primitive, une structure de réciprocité se construit, selon laquelle le groupe qui a acquis doit rendre et celui qui a cédé peut exiger ; nous avons ainsi constaté que, dans un groupe quelconque, les cousins parallèles entre eux sont issus de familles qui se trouvent dans la même position formelle, qui est une position d'équilibre statique, tandis que les cousins croisés sont issus de familles qui se trouvent dans des positions formelles antagonistes, c'est-à-dire, les unes par rapport aux autres, dans un déséquilibre dynamique qui est l'héritage de la parenté, mais que seule l'alliance a le pouvoir de résoudre.* » *(Ibid.,* pp. 159-160).

est une modalité de la fonction symbolique qui permet de neutraliser la *nature contradictoire* d'un certain enjeu entre deux partenaires.

La distinction entre l'échange et la réciprocité comme règle psychologique permet de situer l'échange comme une conséquence d'une *relation d'objet*, et la réciprocité comme une relation *entre des sujets*. Il reste à préciser cette relation intersubjective. La règle de réciprocité appartient-elle à la conscience de chacun des sujets avant qu'ils n'entrent en interaction, ou bien la conscience elle-même naît-elle d'une relation de réciprocité préalable et encore inconsciente ?

Alors que dans l'interprétation de Mauss la fonction symbolique est une représentation, la représentation par exemple de la bienveillance par un cadeau, elle assure pour Lévi-Strauss le dédoublement d'une appréhension "contradictoire en elle-même" en une opposition de termes chacun non-contradictoire mais complémentaire de l'autre. Ce principe conduit à la réciprocité avant même que l'échange ait lieu car chacun se trouvant simultanément ou alternativement dans la situation de l'autre trouve intérêt à la règle de réciprocité :

« *(…) je ne renonce à ma fille ou à ma sœur qu'à la condition que mon voisin y renonce aussi* »[27].

De sorte que : « *L'échange est seulement un aspect d'une structure globale de réciprocité qui fait l'objet (dans des conditions qui restent encore à préciser) d'une appréhension immédiate et intuitive de la part de l'homme social…* »[28].

---

27 *Ibid.*, p. 72.
28 *Ibid.*, p. 159.

Cependant, si la réciprocité en tant que règle psychologique semble devenir un préalable à l'échange, l'échange reste l'opération fondamentale parce que c'est lui qui exige la réciprocité comme le moyen de penser la valeur dont dispose autrui équivalente de celle dont on dispose. La réciprocité est un cadre conceptuel, c'est l'échange qui est relationnel.

Comment se construit la *relation* de réciprocité à partir du principe d'opposition ? Lévi-Strauss répond : par la symétrie des deux groupes qui sont dans une situation identique[29]. Les représentations obtenues par le *principe d'opposition* deviennent communes aux deux partenaires par approximations successives au cours de multiples tentatives d'échange. Ces représentations seraient donc elles-mêmes des valeurs.

« *Il était de la nature du signe linguistique de ne pouvoir rester longtemps au stade auquel Babel a mis fin, quand les mots étaient encore les biens essentiels de chaque groupe particulier : valeurs autant que signes ; précieusement conservés, prononcés à bon escient, échangés contre d'autres mots dont le sens dévoilé lierait l'étranger, comme on se liait soi-même en l'initiant : puisque, en comprenant et en se faisant comprendre, on livre quelque chose de soi, et qu'on prend prise sur l'autre. L'attitude respective de deux individus qui communiquent acquiert un sens dont elle serait autrement dépourvue : désormais, les actes et les pensées deviennent réciproquement solidaires ; on a perdu la liberté de se méprendre* »[30].

---

29 *Ibid.*, p. 569.
30 *Ibid.*, pp. 568-569.

Lévi-Strauss estime que, à l'origine, les *paroles* doivent être ramenées à des *valeurs*, comme les femmes. Mais, alors que les femmes restent des valeurs en devenant des signes, les paroles cessent d'être des valeurs pour ne devenir que des signes (sauf pour les poètes…). Comment s'effectue ce passage de la valeur au signe ?

L'échange conduit à la reconnaissance mutuelle de la signification des mots. Le *soi* supposé déjà là, comme *valeur*, est proposé à l'autre par un terme qui le désigne et qui devient signe lorsque cette compétence est reconnue et acceptée de façon identique par les deux partenaires.

Cependant, Lévi-Strauss rejoint le point de vue des linguistes : il n'est pas possible de réduire la parole à « *un intermédiaire inerte, et par lui-même privé d'efficacité, le support passif d'idées auxquelles l'expression ne confère aucun caractère supplémentaire* »[31].

Il cite Cassirer :

« *Le langage n'entre pas dans un monde de perceptions objectives achevées, pour adjoindre seulement, à des objets individuels donnés et clairement délimités les uns par rapport aux autres, des "noms" qui seraient des signes purement extérieurs et arbitraires ; mais il est lui-même un médiateur dans la formation des objets ; il est, en un sens, le dénominateur par excellence* »[32].

Lévi-Strauss conclut *Les structures élémentaires de la parenté* en comparant le langage de l'alliance matrimoniale avec le langage qu'étudient les linguistes, et propose une nouvelle perspective :

---

31 *Ibid.*, p. 566.
32 *Ibid.*, p. 566. (Cf. Ernst Cassirer, « Le langage et la construction du monde des objets », *Psychologie du langage*, Paris, 1993, p. 23.)

« *Si l'interprétation que nous en avons proposée est exacte,* *les règles de la parenté et du mariage ne sont pas rendues nécessaires* *par l'état de société. Elles sont l'état de société lui-même, remaniant* *les relations biologiques et les sentiments naturels, leur imposant de* *prendre position dans des structures qui les impliquent en même* *temps que d'autres, et les obligeant à surmonter leurs premiers* *caractères. L'état de nature ne connaît que l'indivision et* *l'appropriation, et leur hasardeux mélange. Mais, comme l'avait* *déjà remarqué Proudhon à propos d'un autre problème, on ne peut* *déplacer ces notions qu'à la condition de se placer sur un nouveau* *plan : "La propriété est la non-réciprocité, et la non-réciprocité est* *le vol... Mais la communauté [33] est aussi la non-réciprocité,* *puisqu'elle est la négation des termes adverses ; c'est encore le vol.* *Entre la propriété et la communauté, je construirai un monde". Or* *qu'est-ce que ce monde, sinon celui dont la vie sociale s'applique* *tout entière à construire et reconstruire sans arrêt une image* *approchée et jamais intégralement réussie, le monde de la réciprocité* *que les lois de la parenté et du mariage font, pour leur compte,* *laborieusement sortir de relations, condamnées, sans cela, à rester* *tantôt stériles et tantôt abusives ? »*[34].

Les paroles désignent-elles des objets appréhendés en fonction de leur utilité, et qu'il est nécessaire d'échanger pour éviter une contradiction sinon insoluble ? Doit-on d'abord initier l'autre à son vocabulaire, échanger des signes pour qu'il puisse procéder aux équivalences symboliques qui permettraient l'échange réel ? Faudrait-il que l'on échange la valeur des

---

33 Communauté entendue comme entité collective et homogène.
34 *Ibid.*, p. 562. (Cf. P.-J. Proudhon, « Solution du problème social », *Œuvres*, vol. VI, p. 131).

mots pour que l'échange des choses puisse avoir lieu ? Le langage procède-t-il d'une fonction symbolique qui serait maîtrisée individuellement ? L'énoncé de la parole peut-il avoir un *sens* pour l'un avant que d'en avoir pour l'autre ? Ou bien le *sens* n'émerge-t-il qu'à partir d'une relation de réciprocité préalable, et la parole est-elle comprise simultanément par tout partenaire de cette réciprocité parce qu'elle dit le *sens* qui naît de la relation de réciprocité ? La subjectivité précède-t-elle l'inter-subjectivité ou l'inverse ?

L'ÉCHANGE GÉNÉRALISÉ

Si la fonction symbolique était une propriété innée de la conscience individuelle, chaque cousin pourrait reproduire avec son cousin parallèle un nouvel échange fondateur. On ne sortirait pas de la problématique de Frazer.

On peut répondre à cette critique que l'individu appartient à une totalité, obéit aux représentations collectives d'un groupe dont l'intérêt est encore indivis, aussi est-il naturel que la deuxième et la troisième génération respectent la représentation du couple initial. Lévi-Strauss accepte l'idée de *prestation totale* de Mauss : c'est le clan tout entier qui échange non les individus. Ainsi, la réciprocité peut-elle toujours être considérée comme une structure psychologique, mais au service de l'identité du groupe.

Lévi-Strauss s'inquiète cependant de la question.

« *Avec l'organisation dualiste, le risque de voir une famille biologique s'ériger en système clos est, sans doute, définitivement éliminé (…). Mais un autre risque apparaît aussitôt : celui de voir deux familles, ou plutôt deux lignées, s'isoler du continuum social sous la forme d'un système bipolaire, d'une paire intimement unie par une suite d'intermariages, et se suffisant à soi-même, indéfiniment. La règle d'exogamie, qui détermine les modalités de formation de telles paires, leur confère un caractère définitivement social et culturel ; mais le social pourrait n'être donné que pour être, aussitôt, morcelé. C'est ce danger qu'évitent les formes plus complexes d'exogamie, tel le principe de l'échange généralisé ; telles aussi, les subdivisions des moitiés en sections et en sous-sections, où des groupes locaux, de plus en plus nombreux, constituent des systèmes indéfiniment plus complexes. Il en est donc des femmes comme de la monnaie d'échange dont elles portent souvent le nom, et qui, selon l'admirable mot indigène, "figure le jeu d'une aiguille à coudre les toitures, et qui, tantôt dehors, tantôt dedans, mène et ramène toujours la même liane qui fixe la paille"* (M. Leenhardt, *Notes d'Ethnologie Néo-calédonienne*) »[35].

Lévi-Strauss a déplacé la question de l'échange et de la réciprocité, de l'*échange restreint* à l'*échange généralisé*. Et le débat rebondit.

Les termes sont nets : il s'agit bien d'échange, et la femme est alors monnaie. On peut comparer l'*échange restreint* à un troc, et l'*échange généralisé* à l'échange monétaire, cette forme d'échange où une valeur d'usage

35 *Ibid.*, p. 549. (Cf. Maurice Leenhardt, *Notes d'Ethnologie Néocalédonienne*, Collection « Travaux et Mémoires de l'Institut d'Ethnologie », Paris, 1930, p. 48 et p. 54.)

est utilisée comme équivalent général. Les communautés de réciprocité appellent souvent les jeunes filles du nom de "monnaie". Mais s'agit-il d'une *monnaie d'échange* ?

Selon notre point de vue, que la future épouse soit appelée du nom de *monnaie* signifie qu'elle est nommée de l'*humanité* produite par la réciprocité, comme pure manifestation de spiritualité. La *monnaie* en question signifie ce qui est apparu entre les hommes et qui ne peut appartenir à personne, parce que né de leur relation de réciprocité, de la relation elle-même et non de l'équivalence des objets entre eux. Pour être échangée, il faudrait que la *monnaie* soit non plus le symbole de la valeur produite par la réciprocité, mais l'incarnation de la représentation qui permet la communication humaine, que Lévi-Strauss ramène à l'échange[36].

Mais n'est-ce pas là ce que propose l'imaginaire : offrir une représentation matérielle de ce qui est au-delà de la nature ? Dès lors, la communication de ces représentations ne peut-elle s'interpréter comme échange ? Lévi-Strauss n'est-il pas justifié de traiter la femme comme une "monnaie d'échange" ? Sans doute, mais cette monnaie est le symbole de la valeur créée par

---

36 « *Sans réduire la société ou la culture à la langue, on peut amorcer cette "révolution copernicienne" (comme disent MM. Haudricourt et Granai) qui consistera à interpréter la société, dans son ensemble, en fonction d'une théorie de la communication. Dès aujourd'hui, cette tentative est possible à trois niveaux : car les règles de la parenté et du mariage servent à assurer la communication des femmes entre les groupes, comme les règles économiques servent à assurer la communication des biens et des services, et les règles linguistiques, la communication des messages.* » Lévi-Strauss, *Anthropologie Structurale, op. cit.*, Tome 1, p. 95.

la réciprocité et peut aussi être réengagée à ce titre dans de nouveaux cycles de réciprocité…

LE PRINCIPE D'OPPOSITION

Lévi-Strauss s'interrogeait sur la structure qui permet de résoudre le problème posé par la perception des choses à la fois s*ous le rapport de moi et d'autrui.* Que les choses *« soient "de l'un" ou "de l'autre" représente une situation dérivée par rapport au caractère relationnel initial… »,* et c'est donc : « *dans ce caractère relationnel de la pensée symbolique que nous pouvons chercher la réponse à notre problème* »[37].

Cependant, cette pensée symbolique lui semble naître au sein de l'individu, c'est du moins ce qu'il postule dans ce qu'il appelle *l'échange généralisé.* Il pense que l'*autre* est instauré a priori dans chacun. Le "différent" serait inscrit dans le *principe d'opposition,* et par conséquent dans l'inconscient de l'individu.

Il observe, en effet, que le *principe d'opposition* est déjà efficient au niveau inconscient du langage. Les phonèmes, par exemple, ne sont pas mobilisés pour eux-mêmes, mais pour leurs oppositions. Ils sont à leur tour constitués de "traits distinctifs" (sèmes) qui ne sont également significatifs que par leur opposition. Il imagine donc que la pensée ne fait que poursuivre le travail d'un

---

37 Lévi-Strauss, « Introduction à l'œuvre de Marcel Mauss », *op. cit.,* pp. XLVI-XLVII.

inconscient biologique, et celui-ci le travail des sens, car les sens analysent le monde par ce même processus. Et l'on peut trouver ainsi des analogies à tous les étages de l'évolution, en remontant jusqu'aux quarks...

Disposant donc d'une aptitude prédéterminée pour déjouer les contradictions, il devient naturel qu'en face d'une contradiction avec autrui chacun recoure à la même solution (biologique) pour éviter l'affrontement. Mais pourquoi les animaux ne procèdent-ils pas de la même manière ? Ne serait-ce qu'une question de degré dans l'évolution biologique ?

Lévi-Strauss laissera qualifier sa théorie de *matérialisme biologique*. Mais il pense à un développement dont chaque étape est une systématisation plus complexe que la précédente et par conséquent enrichie de qualités et de propriétés nouvelles.

LE PRÉCÉDENT LINGUISTIQUE

Le "matérialisme biologique" de Lévi-Strauss nous apprend que la pensée utilise les mécanismes de la vie, mais ne risque-t-on pas, à conjoindre si étroitement la pensée et la vie, que la conscience humaine apparaisse comme la dernière invention de la vie, avec pour conséquence l'homothétie structurelle du conscient et de l'inconscient, comme si la conscience était la surface de l'inconscient, et l'inconscient la somme des inventions précédentes de la vie ?

34

Jakobson, auquel Lévi-Strauss se réfère, souligne que le langage humain n'est pas réductible à la communication biologique, même s'il en utilise toute la richesse instrumentale. Il insiste sur le fait qu'il ne s'agit pas d'une question de degré dans l'évolution. Jakobson isole le problème du *sens* de celui de la communication qui fait intervenir messages et signaux selon un code déterminé.

« *Le passage de la zoosémiotique à la parole humaine est un gigantesque saut qualitatif contrairement à la vieille croyance béhavioriste selon laquelle il existerait une différence de degré et non de nature entre le langage de l'homme et le langage de l'animal* »[38].

Mais comment définir cette différence de nature entre la communication humaine et la communication biologique ?

Jakobson est l'inspirateur du *principe d'opposition* de Lévi-Strauss. Il a découvert en effet que les phonèmes sont tributaires d'un principe qu'il appelle le *principium divisionis*. Il observe aussi que *l'élément de corrélation*, qui relie entre eux les deux phonèmes de chaque paire minimale – ce "noyau" commun – peut

---

38 « *Quand nous quittons les sciences proprement anthropologiques pour la biologie, science de la vie qui embrasse la totalité du monde organique (...) nous sommes placés devant une dichotomie décisive : non seulement la langue mais tous les systèmes de communication utilisés par les sujets parlants (et impliquant tous le rôle sous-jacent du langage) diffèrent notablement des systèmes de communication utilisés par les êtres qui ne sont pas doués de la parole, parce que chez l'homme, chaque système de communication est en corrélation avec le langage, et que dans le réseau général de la communication humaine, c'est le langage qui occupe la première place.* » Roman Jakobson, *Essais de Linguistique Générale*, Paris, éditions de Minuit, Collection Arguments, 1973, Tome 2, pp. 45-46.

s'isoler et se constituer comme un phonème particulier doué d'une valeur opératoire à lui seul. C'est alors un *archiphonème*, qu'il appelle aussi le *tertium comparationis*[39]. Jakobson parle donc de deux principes où jusqu'à présent Lévi-Strauss n'en utilise qu'un seul.

Mais on peut décomposer les phonèmes en *traits distinctifs*, composants ultimes qui permettent de différencier les morphèmes (éléments possédant une signification propre) entre eux. Il semble cette fois que l'on ne trouve pas d'équivalent de l'archiphonème. Le binarisme serait donc à la base des structures élémentaires du langage.

Cependant, les *traits distinctifs* ne sont pas aléatoires. Ils sont corrélés. Deux termes sont corrélatifs vrais si l'existence de l'un fait nécessairement supposer l'existence de l'autre. Les traits corrélés ont donc une part commune, ils partagent une certaine identité fondamentale, l'équivalent du *tertium comparationis*.

---

39 « *Un type d'opposition que j'avais isolé du reste à titre d'essai et que j'ai appelé pendant un temps "corrélations", s'avéra par la suite être une clé pour l'analyse complète des systèmes phonologiques. Une corrélation était décrite comme une opposition binaire manifestée par plus d'une paire de phonèmes : l'un des membres de chaque paire de termes contradictoires se caractérise par la présence d'une marque phonologique donnée, et l'autre par son absence ; cette absence peut être renforcée par la présence d'une propriété contraire. Le "principium divisionis", qui est le même dans toutes les paires corrélées, est "factorisé". Il peut fonctionner indépendamment de chaque paire corrélée (...). Réciproquement : le "tertium comparationis" – l'archiphonème comme j'appelais le noyau commun de deux phonèmes d'une paire corrélée – peut être extrait à son tour de la propriété différentielle et assumer un rôle autonome quand par exemple les rimes tchèques ou serbes ignorent la différence phonologique entre voyelles longues et brèves.* » *Ibid.*, pp. 135-136.

36

On voit ainsi apparaître un autre dynamisme que celui de l'opposition ou de la différenciation, celui de l'*union* ou *corrélation* [40].

Nous avons pris pour référence les travaux de Jakobson mais l'on pourrait en appeler à d'autres analyses linguistiques qui mènent aux mêmes observations. A. J. Greimas, par exemple, propose d'appeler *articulation sémique* l'opposition des traits distinctifs, et *axe sémantique* le dénominateur commun de deux termes :

« *une structure élémentaire peut être saisie et décrite soit sous forme d'axe sémantique, soit sous celle d'articulation sémique* »[41].

---

40 Le terme de corrélation prête à confusion : toute *différenciation* établit entre les deux termes qui se différencient l'un par rapport à l'autre (le haut et le bas par exemple) un rapport de l'un à l'autre dit *corrélation*. Le terme de *corrélation* appartient donc à la différenciation. Ce que met en évidence Jakobson sous ce terme est un principe d'union qui subsume la différenciation (les deux termes opposés et leur corrélation) et la remplace par l'union. Nous respectons cependant la terminologie de Jakobson.

41 Cf. Algirdas Julien Greimas, « La structure élémentaire de la signification en linguistique » , *Revue de L'Homme*, n° XV, vol. 4, pp. 5-17. Et Jakobson de rappeler que Hjelmslev appelle l'axe sémantique la *substance*, et l'articulation sémique la *forme*.

Dès lors : « *"l'opposition de la forme et de la substance" se trouve entièrement située à l'intérieur de l'analyse du contenu ; elle n'est pas l'opposition du signifiant (forme) et du signifié (contenu) (...). Autrement dit, la forme est tout aussi signifiante que la substance* ». Jakobson, *op. cit.*, p. 14.

Citons encore le point de vue de Viggo Brøndal qui définit, outre l'articulation sémique, un troisième sème qui peut être ni positif ni négatif, et qu'il dit neutre.

Gardons la terminologie de Jakobson... Au *principium divisionis*, il faut donc ajouter le *tertium comparationis*. À l'opposition, à la dualité, il faut ajouter la corrélation, entendue ici comme l'union des opposés. Comme il lui faut immédiatement faire droit à deux fonctions, l'une de *disjonction*, l'autre de *conjonction*, et comme il ne retient pas *ce qui est en soi contradictoire* comme leur origine commune, le structuralisme doit accorder la primauté à l'une ou à l'autre. C'est la disjonction qui est choisie. L'opposition serait première, l'union seconde. La question se pose cependant de savoir si le *principe d'opposition* suffit à rendre compte de la fonction symbolique.

LE PRINCIPE D'UNION

Si la linguistique offre avec le *tertium comparationis* l'idée d'un second principe, différent du *principium divisionis*, ne doit-on pas remonter du langage aux structures de parenté, et rechercher si un équivalent de ce principe ne serait pas également opérationnel à leur niveau ? Ne faut-il pas redoubler l'analyse de Lévi-Strauss ? Il reste à faire en effet une analogie entre le *tertium comparationis* et une nouvelle modalité de la fonction symbolique, analogie équivalente à celle que proposait Lévi-Strauss entre le *principe d'opposition* et le *principium divisionis*.

C'est Lévi-Strauss lui-même qui nous y invite. Si l'on imagine que deux groupes se manifestent l'un vis-à-vis de l'autre mi-alliés mi-ennemis, l'appréhension de cette *situation en elle-même contradictoire* doit se "neutraliser" par une solution non-contradictoire. Or, celle-ci n'est pas toujours la représentation dédoublée que propose le *principe d'opposition* mais quelquefois *l'unité de la contradiction*, une *synthèse*, qui se présente comme un *objet sacré* [42].

---

42 « *Ainsi, l'exceptionnelle complexité de la pensée religieuse et de la cosmologie pawnee, jointe à l'élaboration très poussée de leur rituel, ont été mises en rapport avec un trait dominant de leur logique : par un curieux paradoxe dont leur histoire offre peut-être la clé, les penseurs indigènes semblent particulièrement sensibles à l'opposition et à la contradiction, qu'ils éprouvent beaucoup de difficultés à surmonter. Pourtant, les termes mêmes entre lesquels ces oppositions s'établissent sont toujours ambivalents ; ce ne sont jamais des termes simples, mais des* synthèses anticipées de ces mêmes oppositions *que l'analyse découvre comme difficilement réductibles. Par exemple, le rituel du Hako a pour objet la médiation (conçue par la pensée indigène comme très périlleuse) entre toute une série de couples : père-fils, concitoyens-étrangers, alliés-ennemis, hommes-femmes, ciel-terre, jour-nuit, etc. Or, les agents de cette médiation sont des objets sacrés dont chacun figure un terme de l'opposition,* tout en étant constitué d'éléments empruntés pour parties égales aux deux séries de couples. » (C'est nous qui soulignons). Lévi-Strauss, *Paroles données*, Paris, Plon, 1984, p. 256.

Lévi-Strauss a reconnu ce *principe d'union* sous le nom d'*unité* et *antagonisme* (principe dont il rend compte également par la notion de "maison")[43]. Et d'opposer lui-même ces deux principes d'*opposition* et d'*union*, qu'il appelle encore "disjonctif" et "conjonctif", ou "différentiel" et "organique", à l'occasion de quelques-unes de leurs applications...

« *Le jeu apparaît donc disjonctif : il crée un écart différentiel entre des joueurs ou des camps qui n'étaient pas ainsi marqués au départ. De façon symétrique et inverse, le rituel est, lui, "conjonctif", car il établit une union (on peut dire ici une communion), ou, au moins, une relation organique entre deux groupes (qui peuvent, à la limite, se confondre l'un avec la personne du prêtre, l'autre avec la collectivité des fidèles) donnés comme*

---

43 « (…) *il ressort des faits que, tant à Bornéo qu'à Java, le couple conjugal forme le véritable noyau de la famille et, plus généralement, de la parenté. Or, ce rôle central de l'alliance se manifeste sous deux aspects : comme principe d'unité, pour étayer un type de structure sociale que, depuis l'an dernier, nous avons convenu d'appeler « maison » ; et comme principe d'antagonisme, puisque, dans les cas considérés, chaque nouvelle alliance provoque une tension entre les familles, au sujet de la résidence – viri- ou uxorilocale – du nouveau couple, et donc de celle des deux familles qu'il aura la charge de perpétuer. On sait que, chez les Iban, mais aussi ailleurs, cette tension s'exprime dans et par un mode de descendance que Freeman appelle "utrolatéral", c'est-à-dire l'incorporation des enfants à la famille dans laquelle au moment de leur naissance, leurs deux parents ont choisi de résider, par libre décision et aussi en réponse aux pressions venues de l'un et de l'autre côté. Les ethnologues se sont donc trompés en cherchant, pour ce type d'institution, un substrat qu'ils ont demandé tantôt à la descendance, tantôt à la propriété, tantôt à la résidence de leur fournir. Nous croyons, au contraire, qu'il faut passer de l'idée d'un "substrat objectif" à celle d e l'objectivation d'un rapport : rapport instable d'alliance, que, comme institution, la maison a pour rôle d'immobiliser, fût-ce sous forme fantasmatique.* » (*Ibid.*, p. 194.)

dissociés au départ»[44].

Le prêtre paraît plutôt l'arbitre, le centre, l'unité du tout, le seul parlant. Soulignons le caractère "religieux" de cette *parole d'union*. Nous pouvons dire que le facteur de la corrélation de Jakobson, l'union, l'emporte sur le facteur de l'opposition, ou encore que le *tertium comparationis* l'emporte sur le *principium divisionis*. Dès lors que le prêtre exprime à lui seul la parole de tous, il est analogue à un "archiphonème"…

Le *principe d'opposition*, première modalité de la fonction symbolique, peut donner naissance à l'*échange*, mais le *principe d'union*, s'il est une deuxième modalité de la fonction symbolique, ne conduit pas à l'échange, mais au contraire à la *communion* ou au *partage*. Dès lors, nous devons abandonner l'idée que l'échange soit la raison de la médiation symbolique.

Quelle est la raison de celle-ci ?

---

44 *Ibid.*, p. 257.

III

La réciprocité est-elle la matrice du sens ?

LE PRINCIPE DU CONTRADICTOIRE

Le *principe d'union* est donc apte à témoigner du *sens* comme précédemment le *principe d'opposition*. Nous sommes invités à supposer sous-jacent à l'un et l'autre une structure qui puisse les contenir en puissance tous les deux. Ne serait-ce pas la structure où le *sens* prendrait naissance avant d'être exprimé par la *conjonction* ou la *disjonction* ?

Une structure fondatrice qui ne soit ni de type *principium divisionis* ni de type *tertium comparationis,* mais qui les contienne en puissance tous deux à la fois ou qui puisse être leur source commune ne peut être qu'en elle-même *contradictoire.* Ce serait donc elle la matrice du *sens.*

Une différence radicale apparaît entre les systèmes de communication biologique et humain. La communication biologique s'actualise par des oppositions – des différenciations – comme l'observait Lévi-Strauss. Mais dans les systèmes biologiques, il n'y a pas de place pour *ce qui est en soi contradictoire.* Du moins, la biologie classique n'a pas cherché à découvrir la place du *contradictoire* dans la nature. Pour Lévi-Strauss, le *contradictoire* est un instant fugitif qui ne se déploie d'aucune façon pour lui-même, ce qui se comprend s'il ne résulte que de rencontres aléatoires.

Or, où s'installe le langage humain, on voit apparaître une relation qui soutient l'avènement de *ce qui est en soi contradictoire* : la relation de réciprocité autorise en effet la confrontation et l'équilibre de forces contraires telles que attraction et répulsion, hétérogénéisation et homogénéisation, différenciation et identification…

On peut même dire qu'il n'y a qu'une relation connue qui mette deux partenaires dans une situation telle que le même objet acquière pour chacun d'eux une *nature contradictoire*, et qui autorise l'une des deux solutions suivantes : ou bien la représentation de cet objet par une opposition de deux termes opposés et complémentaires (et cette représentation dédoublée est la même pour chacun des partenaires, de sorte qu'ils peuvent "échanger"), ou bien sa représentation sous la forme d'un terme unique, ambivalent, mais également identique pour les deux protagonistes. Cette relation est la réciprocité.

La réciprocité permet une confrontation durable et systématique de consciences élémentaires antagonistes entre elles, dont le milieu *contradictoire* se révèle comme *sens* de l'une et de l'autre.

LA RÉCIPROCITÉ SIÈGE DU CONTRADICTOIRE

C'est Aristote sans doute qui a le premier situé l'origine du *sens* au cœur de la réciprocité. Il établit que le *juste milieu* entre des contraires ne résulte pas de leur mélange mais s'oppose à eux – puisqu'ils sont chacun unidimensionnel –, comme le lieu de leur contradiction, c'est-à-dire qu'il se déploie à leurs dépens. Or, ce troisième pôle prend naissance dans la relation de réciprocité. Aristote le démontre à propos du sentiment de la justice.

Certes, comme toute vertu, la justice est un *juste milieu* entre un excès et un défaut puisque l'injustice est de désavantager autrui ou de donner plus à l'un qu'il ne mérite et à l'autre moins, mais si chacun se déclarait "juste" selon son propre sentiment, il y aurait autant de justices que d'individus. La justice a ceci de particulier de se définir par rapport à autrui. C'est l'*égalité* avec autrui qui détermine le *juste milieu*. Mais que veut dire l'*égalité* ? Comment rendre *égaux* des êtres *différents* ?

L'*égalité* ne saurait se réduire à l'*identité*, elle est plutôt une confrontation et un juste équilibre entre l'*identité* des uns et des autres et leur *différence* ; un équilibre entre une identité qui accepte d'être relative puisqu'elle reconnaît une différence, et cette différence qui accepte d'être également relative, jusqu'à instaurer la *médiété (mesotès)*, la "juste distance" selon l'habile traduction de

Antoine Garapon et Paul Ricœur[45]. La justice renvoie à une structure non plus psychologique mais sociale[46]. Comment se réalise cette confrontation et cette bonne distance ? Par la réciprocité. La réciprocité, en inversant les rôles des partenaires, a pour effet de reproduire en chacun la conscience de l'autre. « *Celui qui agit doit subir* », dit un proverbe « très ancien », selon Eschyle[47]. À partir de la relativisation mutuelle de l'action et de la passion, et de leurs consciences respectives, de leurs consciences élémentaires, naît le *juste milieu* – une conscience d'elle-même – qui leur donne à toutes deux leur *sens*. Si le "milieu" est une troisième force, celle du *sens* lui-même qui naît de l'équilibre entre des contraires, nous savons maintenant comment l'instaurer. Le *sens* de la justice naît de la réciprocité. Et c'est lui qui éclaire l'injustice par excès ou l'injustice par défaut.

Aristote montre que toutes les valeurs procèdent du même principe, et il déclare la justice la *mère de toutes les valeurs*. Il faudra toutefois que les consciences antagonistes élémentaires, dont procède à chaque fois le *juste milieu*, soient interprétées à la lumière de la physique contemporaine pour que l'on puisse concevoir le

45 Paul Ricœur, « Le juste entre le légal et le bon », in *Lectures 1 Autour du Politique*, Paris, éd. du Seuil, 1991, p. 193.

46 Raymond Verdier a mis en évidence l'importance de cette distance, dans l'étude d'une autre forme de réciprocité, la *réciprocité négative* : « Le système vindicatoire ». Cf. Raymond Verdier (éd.), *La vengeance, Études d'ethnologie, d'histoire et de philosophie*, (4 vol.), Paris, Cujas, 1981-1986. Lire à ce sujet, de Dominique Temple, *La réciprocité de vengeance. Commentaire critique de quelques théories de la vengeance*, (2003), Collection *réciprocité*, n° 7.

47 Cf. La traduction des *Euménides* par Ariane Mnouchkine.

contradictoire comme source de la conscience humaine[48].

Mais déjà Aristote avait remarqué qu'entre proches la réciprocité engendre un sentiment qu'il appelle la *philia*, ce mot difficile à traduire auquel on donne le sens d'*amitié*, que M. I. Finley préfère traduire par *mutualité*, et qui serait pour J.-L. Vullierme, le *« désir en tant qu'il est désir de forger des communautés »*[49].

La communauté aristotélicienne est en effet fondée par la réciprocité. Aristote dit crûment que *vivre ensemble* ce n'est pas *paître le même pré*. Et d'employer une expression étonnante : non pas *philein* (aimer) mais *antiphilein*. Ce n'est pas outrepasser la pensée aristotélicienne que de traduire *antiphilein* comme le *face-à-face de la réciprocité binaire* où *naît le désir* de ce que l'on appelle parfois l'*Autre*. *Anti,* c'est le *face-à-face* de la réciprocité.

Or, la *philia* n'est pas une *conscience objective,* ce n'est pas une conscience de conscience au sens où l'on dit de la pensée que même lorsqu'elle ne pense qu'elle-même elle ne pense jamais qu'un objet[50]. La *philia* est un sentiment pur que le philosophe compare même à

---

48 Cf. Stéphane Lupasco, *L'énergie et la matière psychique,* Paris, Julliard, 1975.

49 *« La* philia *ne doit pas être confondue avec la passion qui lui correspond ou* philesis, *amour-passion, ni avec l'amitié qui se dit* 'philia' *par catachrèse ou synecdoque. Elle n'est rien d'autre que le désir lui-même en tant qu'il est désir de forger les communautés afin de s'accomplir totalement. »* Jean-Louis Vullierme, « La juste vengeance d'Aristote et l'économie libérale », dans *La vengeance, op. cit.,* vol. 4. *La vengeance dans la pensée occidentale,* textes réunis et présentés par Gérard Courtois, Paris, 1984, p. 186. Lire aussi de Dominique Temple & Mireille Chabal, *La réciprocité et la naissance des valeurs humaines,* chap. 3. "La réciprocité symétrique dans la Grèce antique", Paris, L'Harmattan, 1995.

l'amour.

Comment concilier l'idée que la conscience de conscience naisse de la réciprocité comme *illumination* du monde ou des choses, et que l'affectivité, le sentiment, apparaisse comme l'expression la plus complète de cette épreuve de la conscience de conscience dans le face-à-face de l'*antiphilein* ? Il faut imaginer que le sentiment, l'affectivité, est la façon dont se révèle la conscience lorsqu'elle est pure conscience d'elle-même, mais que lorsque le *contradictoire* qui lui donne naissance est un tant soit peu déséquilibré par la dominance de l'un de ses deux pôles sur l'autre, apparaisse autour de cette affectivité un horizon objectif. La conscience de conscience cesse d'être un sentiment pur pour devenir le *sens* de ce qui apparaît à l'horizon comme *monde*.

La théorie de la réciprocité suggère qu'il n'existe pas deux phénoménologies – l'une de l'affectivité et du sentiment, l'autre qui intéresserait le monde – mais une seule qui rend compte de toutes les manifestations intermédiaires entre ce qui peut être genèse du sentiment pur et dévoilement de la connaissance pure.

---

50 Cf. Lévi-Strauss, « Introduction à l'œuvre de Marcel Mauss », *op. cit.*, p. XLVII.

48

La réciprocité ternaire

Le face-à-face de la réciprocité binaire, nous l'avons analysé en commentant Aristote et en nous référant aux théories de Stéphane Lupasco comme la possibilité pour chaque partenaire de redoubler son point de vue de celui de l'autre, de sorte que de la relativisation de ces deux termes contraires surgisse un troisième terme qui se donne *sens* à lui-même et donne *sens* aux deux autres.

Le *sens* ne s'échange donc pas comme s'il était déjà là. Il faut le produire. C'est au niveau de cette production qu'intervient selon nous la relation de réciprocité qui doit être distinguée de celle de l'échange. C'est la réciprocité qui permet de produire le *sens*. La parole suppose la réciprocité. Elle est l'expression de ce qui est produit comme *sens* dans la relation de réciprocité. Dès lors, elle *signifie* simultanément pour ceux qui construisent la réciprocité ou la reconstruisent.

Mais comment les sociétés qui ne sont pas organisées selon le principe du *face-à-face* parviennent-elles au même résultat ?

Le *principe de réciprocité* ne se traduit pas seulement par la réciprocité binaire, mais se réalise aussi par des relations non symétriques. Lorsque la réciprocité n'est plus binaire, chacun est obligé de donner à certains partenaires et de recevoir de partenaires distincts de ceux à qui il donne. Dans cette réciprocité généralisée, dont la forme la plus simple est une relation ternaire, chaque partenaire au lieu de donner et recevoir de son vis-à-vis donne d'un côté et reçoit de l'autre. Les deux dynamiques antagonistes de *donner* et *recevoir* se superposent toujours dans la conscience de chacun. Le *sens* naît de la même façon : la superposition de deux dynamiques antagonistes permet l'émergence d'un terme médian.

La structure ternaire engendre, comme la structure binaire, un *lien social*, mais celui-ci n'est plus une amitié réservée à un partenaire donné, parce qu'il ne se reflète plus dans le visage d'autrui. Il est un sentiment qui se reproduit de proche en proche indéfiniment, et qui acquiert en même temps que cette portée générale une singularité propre à chacun parce qu'il prend sa source dans l'individu. Ici, le *lien social*, entendu comme le *sens* des actes humains, est individualisé au lieu d'être partagé entre deux partenaires. Une telle situation confère, à ce qui était l'*amitié* dans la réciprocité binaire, une autre expression : la *responsabilité*. Mauss, lorsqu'il analysait des structures ternaires, était donc autorisé d'une certaine manière à voir dans le *mana* l'*être* du donateur et pas seulement un *lien social entre* donateurs.

Mais il y a davantage : chacun, étant intermédiaire entre deux autres, est l'incarnation du lien social qui les unit lorsque la circulation des dons est à double sens. Il transforme donc cette *responsabilité* dans un nouveau souci : celui de l'équilibre de ce qui va de l'un de ses partenaires à l'autre, et de ce qui va de l'autre à l'un. La *responsabilité* se transforme ainsi en sentiment de *justice*.

Les valeurs produites par la réciprocité restreinte et généralisée — que l'on appellera respectivement *amitié*, *responsabilité* et *justice* — sont des manifestations bien différentes de la complémentarité des intérêts particuliers et collectifs, tout autre chose que ce qui peut intéresser le groupe qu'il soit interprété comme confrontation d'individus autonomes et différents ou comme totalité homogène.

Quel est ce *lien social* qui ne se réduit à aucun déterminisme de la nature ? On ne le comprendra pas si l'on veut à tout prix considérer les prestations humaines comme des échanges limités par l'intérêt des uns et des autres.

LA STRUCTURE SOCIALE DE BASE

Lévi-Strauss s'est interrogé, à la suite d'une observation de Radcliffe-Brown, sur le fait que les relations affectives qualifiées d'une structure de parenté donnée, une fois connotées d'une valeur positive ou négative, se révèlent organisées comme ce qu'un phonologue appellerait "des couples d'opposition". Mais, surtout, la somme algébrique de ces connotations est toujours nulle dès le moment où l'on prend comme maille du réseau de parenté la mère, le père, le fils et le frère de la mère. Entre les expressions positives et négatives, l'équilibre prévaut.

De cette constance, Lévi-Strauss tira la conclusion que l'oncle maternel fait partie de la structure fondamentale de la société. Pourquoi, se demandait-il ? Parce que c'est lui qui donne la sœur en mariage. L'oncle est donc nécessaire pour fonder l'exogamie. Il est le pivot de l'alliance.

Lévi-Strauss opposait à l'anthropologie anglo-saxonne, notamment aux thèses de Radcliffe-Brown qui pensait établir la structure sociale sur le père, la mère et les enfants, en un mot la famille, l'idée que l'*alliance* est première par rapport à l'identité familiale. Il faut deux familles, dit-il, pour en faire une...

Mais il est un préalable dans sa démonstration, c'est que la société humaine repose sur l'équilibre "neutre" de ses relations affectives. Un lien est déjà établi entre le frère et la sœur, que l'on peut qualifier d'identification, sans présumer de sa valeur négative ou positive. Lorsque s'instaure une relation matrimoniale, la relation d'identité au frère se redouble d'une relation de différenciation, puisque la femme accepte de prendre parti pour l'étranger. Cette relation aura une valeur inverse de celle qui prévalait entre le frère et la sœur. L'équilibre affectif requiert que la sœur ne cesse pas, en devenant l'épouse de l'autre, de dépendre du frère. La cellule initiale de la parenté humaine est *contradictorielle*.

Une organisation de parenté dualiste prend naissance dès que la sœur de l'un, en devenant l'épouse d'autrui, crée une *situation contradictoire*. L'épouse d'autrui demeure en effet à proximité de son frère, c'est-à-dire qu'elle reste toujours dans une *situation contradictoire*. Dans l e s structures élémentaires de la parenté, la femme "échangée" scelle la parenté spirituelle du groupe, car elle ne cesse d'appartenir aux deux moitiés qu'elle réunit de façon contradictoire. Mais il en est de même pour l'homme, *frère et époux*. Chacun des termes de la relation de parenté sera toujours impliqué dans une *situation contradictoire*. Celle-ci est donc caractérisée par une affectivité dite *neutre*, ce qui ne veut pas dire *nulle*. Cette affectivité n'est-elle pas le ciment que récusait Lévi-Strauss, le *mana* dont Mauss faisait dépendre les institutions primitives ?

Cette nécessité du *contradictoire* apparaît encore mieux d'un autre point de vue de Lévi-Strauss lui-même : l'exogamie, montre-t-il, n'est pas absolue, elle est relativisée par une certaine identité, linguistique, ou encore de parenté ; elle renvoie à des conditions précises. Certes l'*autre* doit être *autre,* mais pas à l'infini ; il lui faut être reconnaissable d'une certaine manière comme apparenté. Il doit être différent mais non pas indifférent.

« *Dans la pensée des Indiens de l'Amérique septentrionale et sans doute aussi ailleurs, l'équilibre familial est conçu comme toujours doublement menacé : soit par l'inceste qui est une conjonction abusive, soit par une exogamie lointaine qui représente une disjonction pleine de risques. Or, les liens familiaux et sociaux ne doivent être ni resserrés, ni distendus à l'excès. Deux dangers guettent l'ordre familial et social : celui de l'union haïssable avec le frère, et celui de l'union inévitable avec un "non-frère" qui peut être, de ce fait, un étranger ou même un ennemi. Dans cette perspective, il est possible de reconstituer le groupe formé, depuis l'Amérique jusqu'à l'Asie du Sud-est, par les mythes du mariage entre un être humain et un animal. Tantôt l'animal est le chien, être "domestique" comme le frère, tantôt une bête féroce (généralement un ours), animal "cannibale" comme on l'affirme souvent des étrangers* »[51].

Le débat qui opposa Claude Lévi-Strauss aux fonctionnalistes, lesquels voyaient dans la parenté l'identité d'origine, et dans les règles de mariage le moyen de reproduire cette identité, a trouvé son épilogue. L'identité de la parenté et l'hétérogénéité de l'exogamie (*conjonction* et *disjonction*) doivent s'équilibrer contradictoirement pour que le terme d'humanité prenne sens.

LA FONCTION CONTRADICTORIELLE

La parole témoigne-t-elle seulement du *sens* ou bien recrée-t-elle les conditions de son origine, reproduit-elle de nouvelles *situations contradictoires* ?

Elle ne se contente pas de signifier, elle est créatrice car elle implique la parole de l'autre, la réponse de l'autre pour engendrer davantage de *sens*. C'est elle qui prend en charge le rôle qui à l'origine fut celui de la réciprocité : réaliser les conditions du *contradictoire*. Elle a une *fonction contradictorielle*. Le rôle créateur de la parole, nous chercherons à le mettre en évidence à partir de chacune des deux modalités de la fonction symbolique que nous avons appelées *principe d'opposition* et *principe d'union*.

---

51 Lévi-Strauss, *Paroles données, op. cit.*, p. 108.

Dans la plupart des sociétés qui ont gardé des *organisations dualistes*[52], on peut observer l'importance de l'opposition corrélative[53]. Mais ces oppositions s'inversent, se redoublent symétriquement comme si elles obéissaient à un principe de réciprocité interne.

Lévi-Strauss a souligné que les organisations dualistes rétablissent toujours à partir de l'*opposition* un équilibre *contradictoire*. Il observe en effet que les mêmes moitiés d'une organisation dualiste sont à la fois les moitiés d'une réciprocité d'alliance et les moitiés d'une réciprocité d'hostilité. Ainsi, l'équilibre de l'hostilité et de l'intimité recrée les conditions du contradictoire[54].

---

52 « *On désigne du nom d'organisation dualiste un type de structure sociale fréquemment rencontré en Amérique, en Asie et en Océanie, caractérisé par la division du groupe social – tribu, clan ou village – en deux moitiés dont les membres entretiennent les uns avec les autres, des relations pouvant aller de la* collaboration la plus intime à une hostilité latente… » (*Ibid.*, p. 14. C'est nous qui soulignons).

53 « (…) *il reste à analyser chaque société dualiste pour retrouver, derrière le chaos des règles et des coutumes, un schème unique, présent et agissant dans des contextes locaux et temporels différents. Ce schème (…) se ramène à certaines relations de corrélation et d'opposition, inconscientes sans doute, même des peuples à organisation dualiste, mais qui, parce qu'inconscientes, doivent être également présentes chez ceux qui n'ont jamais connu cette institution.* » Lévi-Strauss, *Anthropologie structurale, op. cit.*, p. 29.

54 « *Ce terme définit un système dans lequel les membres de la communauté – tribu ou village – sont répartis en deux divisions, qui entretiennent des* relations complexes allant de l'hostilité déclarée à une intimité très étroite, et où diverses formes de rivalité et de coopération se trouvent habituellement associées. (…) *Enfin, les moitiés sont liées l'une à l'autre, non seulement par les échanges de femmes, mais par la fourniture de prestations et de contre-prestations réciproques de caractère économique, social et cérémoniel. Ces liens s'expriment fréquemment sous la forme de jeux rituels,* qui traduisent bien la double attitude de rivalité et de solidarité qui

Marshall Sahlins[55], de son côté, observe que
l'organisation sociale des Moalan (Est des îles Fidji)
repose sur un système de réciprocité typiquement
dualiste :

« *À l'île de Lau, toutes choses vont par deux* ».

Marshall Sahlins énumère une série d'oppositions
contrastées et les commente ainsi :

« *Mais il ne serait pas juste de considérer ces contrastes
simplement comme une série d'oppositions conformes. (...) Dans
ses termes les plus généraux, la logique réciproque est que chaque
"sorte" médiatise la nature de l'autre, qu'elle est nécessaire à la
réalisation et à la régulation de l'autre, de sorte que chaque groupe
contient nécessairement l'autre. La configuration qui en résulte n'est
pas tant une simple opposition qu'un système à quatre parties opéré
par la réplique d'une dichotomie maîtresse* »[56].

Lévi-Strauss pense que cette capacité de ré-
duplication de l'opposition initiale est inscrite dans les
potentialités du mécanisme biologique de la sensation et
de la perception[57]. L'activité bondissante et généreuse de

---

constitue le trait le plus frappant des relations entre moitiés. (...)
*Comme nous essayerons de le montrer, le système dualiste ne donne pas
naissance à la réciprocité : il en constitue seulement la mise en forme.* » Lévi-
Strauss, *Les structures élémentaires de la parenté, op. cit.,* pp. 80-81. (C'est
nous qui soulignons).

55 Marshall Sahlins, *Culture and practical reason* (1976). Trad. fr. *Au cœur
des sociétés. Raison utilitaire et raison culturelle,* Paris, Gallimard, 1980.

56 *Ibid.,* pp. 44-45.

57 « *... les schèmes subissent des transformations en série au cours desquelles
certains éléments, négatifs ou positifs, se neutralisent, des éléments négatifs
prennent une valeur positive et inversement (...). En somme, on croirait
volontiers que l'activité intellectuelle jouit de propriétés que nous savons plus
aisément reconnaître dans l'ordre de la sensation et de la perception.* » Lévi-

l'esprit ne cesserait d'explorer toutes les possibilités de multiplication et de renversement des rapports d'opposition.

« *Excitée par un rapport conceptuel, la pensée mythique engendre d'autres rapports qui lui sont parallèles ou antagonistes. Que le haut soit positif et le bas négatif induit aussitôt la relation inverse, comme si la permutation sur plusieurs axes de termes appartenant au même ensemble constituait une activité autonome de l'esprit...* »[58].

Auquel cas, l'un de ces renversements a des chances d'être immédiatement sélectionné par la réciprocité : celui qui recrée une *situation contradictoire*. Il est à la source du *sens* pour tous les partenaires de la communauté. On pourrait appeler ce *principe d'opposition de deux oppositions* : *"principe de croisée"*. Le *contradictoire* ne s'efface donc pas, il renaît sans cesse.

Mais nous avons aperçu une autre modalité de la fonction symbolique, antagoniste du *principe d'opposition*, que nous avons appelée le *principe d'union*. Celui-ci est donné de manière simultanée avec le *principe d'opposition*. Peut-on dire que la parole qui en procède donne à son tour naissance à du *contradictoire* ?

La *Parole d'union* exprime le *contradictoire* par un terme unique, ambigu ou ambivalent. Ensuite elle doit, selon notre hypothèse, reconstruire du *contradictoire*. Ce *contradictoire* apparaît en effet entre le mouvement de convergence, de condensation de l'unité, et le mouvement inverse d'extension, de diffusion de l'unité.

Strauss, *Le regard éloigné*, Paris, Plon, 1983, pp. 233-234.
58 *Ibid.*, p. 234.

Entre ces deux mouvements se re-crée un *équilibre contradictoire*.

La *Parole d'union* n'est pas seulement convergence dans le seul souci de rassembler une totalité, elle communique l'unité de façon centrifuge, la diffuse, la disperse... Elle est motrice en direction de ce qui est le contraire du *tout*, le *rien*. Entre le *tout* et le *rien*, elle instaure le *seuil*. Nous pourrions appeler ce principe qui met en contradiction le *tout* avec le *rien* : *"principe de liminarité"*. Le *principe d'union* doit ainsi conduire à un principe d'organisation sociale que nous dirons "moniste" pour souligner son analogie avec le principe "dualiste"[59].

Les prestations de tous convergent vers un centre où s'accumulent les richesses et d'où elles sont redistribuées. Le centre dispose des volontés de chacun, les organise et leur donne une cohérence qui assure leur plus grande efficacité. C'est au centre que la parole religieuse dresse ses autels et sacrifie. C'est du centre qu'elle diffuse grâces et bénédictions. Les pyramides des grandes civilisations aztèque, maya, inca, égyptienne... évoquent cette organisation moniste.

Les marches des pyramides disent qu'à la périphérie on va vers la terre fruste tandis que vers le centre on s'élève vers le ciel. Et les hommes habitent entre le ciel et la terre, ils sont le *juste milieu* entre ces deux mouvements divergent et convergent.

---

59 Cf. Dominique Temple, *Les deux Paroles*, Collection *réciprocité*, n° 3. Publication en castillan dans *Teoría de la reciprocidad*, (3 vol.), Padep-Gtz, La Paz, 2003.

Conclusion

Nous sommes partis de l'idée de Mauss selon laquelle chacun s'adresse à l'autre pour éviter la guerre, désigne ses sentiments par des cris, des gestes, des dons, des paroles, auxquels il initie son partenaire. La réciprocité était l'attitude symétrique d'autrui.

Mauss a cependant perçu chez les Andaman que la valeur spirituelle naissait d'un *équilibre de forces antagonistes*, il a même approché de près l'idée suggérée par un texte de Radcliffe-Brown d'une *production* de la valeur spirituelle à partir de la réciprocité.

Lévi-Strauss aborde la question de cet antagonisme en imaginant le *contradictoire* à l'origine de la fonction symbolique, mais il situe le *contradictoire* dans l'indécision de garder un avantage et d'en acquérir un autre, c'est-à-dire dans la contradiction aléatoire d'une rencontre fortuite motivée par des désirs antagonistes. Il subordonne la fonction symbolique à la réalisation des intérêts en jeu que l'échange pourrait satisfaire. La réciprocité serait due à l'application par des partenaires, qui seraient à peu près égaux et identiques, du *principe d'opposition* à la contradiction qui se présente à eux.

Lévi-Strauss montre en effet que la fonction symbolique peut se manifester par une opposition corrélative dédoublant une appréhension *contradictoire* d'un objet devenu l'enjeu de désirs antagonistes.

Ce *principe d'opposition* nous est apparu comme l'une seulement des modalités de la fonction symbolique. Nous avons étendu la notion de "maison" de Lévi-Strauss à celle d'une deuxième modalité de la fonction symbolique : le *principe d'union*.

Or, si le principe d'opposition et le principe d'union ont une origine commune, celle-ci ne peut être que ce qui est *en soi contradictoire,* et le *contradictoire* doit donc trouver un statut de référence qui permette à la fonction symbolique d'avoir le même résultat pour soi et pour autrui.

Aristote a vu dans la *mesotès,* le *juste milieu* entre termes antagonistes, et dans l'*isotès,* la relation d'égal à égal, la *distance sociale* qui permet l'équilibre entre l'identité et la différence. Il a également montré que la réciprocité est la structure qui permet cet équilibre et qui fonde le sentiment du juste milieu.

Nous avons alors fait intervenir une nouvelle catégorie : le *principe du contradictoire.* La relation nécessaire pour qu'une situation puisse être contradictoire simultanément pour soi et pour autrui, de façon systématique, est la réciprocité.

De même que Lévi-Strauss a reporté la réciprocité, qui dans la série maussienne était située en aval de l'échange, en amont de l'échange, en montrant qu'elle est efficace dès l'application symétrique du principe d'opposition par deux partenaires identiques, de même nous la reportons en amont de la fonction symbolique, parce qu'elle est déjà efficace pour structurer le *contradictoire*.

La réciprocité ne signifie plus une capacité de l'individu de découvrir l'*autre* à partir d'une altérité préalable enfouie dans le donné biologique, mais la relation d'où naît un sentiment immédiatement partagé par tous, et la parole immédiatement comprise de tous.

Lévi-Strauss a rassemblé les éléments d'un système : la *situation contradictoire*, le *principe d'opposition* : première manifestation de la *fonction symbolique*, la *réciprocité*, l'*échange* et le *principe de maison*. Il ne donne pas de statut à la *situation contradictoire* : dans les deux rencontres qu'il décrit pour illustrer le principe de réciprocité, celle d'étrangers dans un petit restaurant languedocien où s'observe la réciprocité d'offrande du vin, et celle de groupes indiens Nambikwara dans la forêt brésilienne, la *situation contradictoire* est fortuite[60].

Pour que la *fonction symbolique* ait une chance d'être efficiente, il faut donc imaginer une succession heureuse de *situations contradictoires* aléatoires sanctionnées par une succession d'échanges réussis. Les groupes échangistes doivent avoir des intérêts identiques et être de force égale, car sinon la force suffirait à satisfaire la convoitise des uns au détriment des autres, et ces groupes doivent réussir leurs échanges assez longtemps pour que la force de l'habitude institue entre eux repères et références

---

60 Cf. Lévi-Strauss, *Les structures élémentaires de la parenté, op. cit.*, pp. 68-69 et pp. 78-79.

communs, autant de conditions difficiles à imaginer comme des constantes de la vie primitive[61]. Enfin, Lévi-Strauss s'il découvre le *principe d'union* ne lui donne pas un statut égal à celui qu'il accorde au *principe d'opposition.*

Il suffit cependant de modifier l'ordre de ces découvertes pour obtenir une autre cohérence qui supprime la nécessité de conditions exceptionnelles, comme celle de *l'égalité des groupes* ou de la *convoitise* des privilèges d'autrui, et rende compte de faits laissés pour compte du point de vue de la fonction symbolique (le *principe de maison*).

Si la *réciprocité* est première, la *situation contradictoire* cesse d'être aléatoire. Le *contradictoire* est non seulement pérennisé mais engendré systématiquement comme la source de la fonction symbolique. Tout ce qui tombe dans le filet de la réciprocité acquiert donc automatiquement du *sens.* On comprend aussitôt pourquoi les prestations d'origine sont *totales.*

---

61 Marshall Sahlins a néanmoins tenté de montrer que les groupes primitifs pouvaient être de force égale. Il suggère de considérer que le don pur ou le partage trouve ses limites avec la satisfaction des besoins immédiats de la vie domestique. Les groupes primitifs seraient donc tous à peu près égaux mais concurrents entre eux. Ils pourraient ainsi nouer des relations d'échange et de réciprocité mêlés. Cf. Sahlins, *Âge de pierre, âge d'abondance, op. cit.*

La thèse toutefois ne prend pas en considération que le don ou le partage peuvent ne pas être motivés par la satisfaction de besoins matériels mais par le désir de valeurs spirituelles, ce qui remet en cause donc l'idée d'une clôture du don sur la production domestique. Cf. Dominique Temple, *La dialectique du don,* Paris, Diffusion Inti, 1983, 2e édition Hisbol, La Paz, (1986) 1995. En ligne sur le site de l'auteur.

Le principe de réciprocité relativise en effet chaque perception élémentaire par sa perception antagoniste. La réciprocité crée un *juste milieu* dont la valeur propre est irréductible à celle des extrêmes dont il procède. La conscience de la justice ou le sentiment d'amitié sont de tels *milieux* entre la perception d'autrui et la sienne propre ; ce pourquoi ils apparaissent comme Tiers[62] par rapport à l'un ou à l'autre.

Ce Tiers est, dans les communautés d'origine, ce que Mauss appelle le *mana*. En ce sens, le *mana* est une unité, une totalité partagée par tous, mais il n'est pas donné *a priori*, il doit être *produit* par la réciprocité, il n'est pas une entité préalable ou rivée aux origines.

La réciprocité trouve dès lors sa place en amont de la fonction symbolique, c'est-à-dire au niveau de l'inconscient, bien qu'il ne s'agisse plus de l'inconscient biologique de Lévi-Strauss. L'inconscient retrouve une définition psychique.

Le *principe d'opposition*, qui prend sa source dans la différenciation biologique, est utilisé pour donner une solution non-contradictoire au contradictoire et permettre la communication : il est la manifestation du *sens* en tant que signification, mais il n'est pas seul. Il est concurrencé par le *principe d'union*. Le *principe d'union* ne vient pas donner raison de ce qui serait laissé pour compte par le *principe d'opposition*. Il est une deuxième modalité de la fonction symbolique qui prétend donner une autre version des mêmes événements.

---

62 Cf. Temple Dominique & Mireille Chabal, *La réciprocité et la naissance des valeurs humaines*, Paris, L'Harmattan, 1995.

Réciprocité, contradictoire, opposition, union forment désormais un complexe cohérent pour engendrer le *sens* et permettre la communication qui n'a plus besoin de *l'habitude,* de *l'égalité,* de *l'identité,* de la *symétrie* des groupes primitifs, ni de *l'intérêt pour des choses rares,* ni même de *l'échange* pour se justifier.

La réciprocité est comme le montre Lévi-Strauss dans sa thèse *Les structures élémentaires de la parenté,* le seuil entre la nature et la culture, mais elle n'est pas subordonnée à l'échange.

L'échange s'intéresse à ce que l'imaginaire est susceptible de réifier et de maîtriser pour satisfaire le désir de posséder, la réciprocité s'intéresse à l'au-delà des choses visibles, à la construction du *sujet* humain, aux *valeurs humaines.* Elle est la matrice de l'homme social, de l'homme parlant, de l'inconscient et du langage. Elle est la matrice du *sens.* Elle n'est pas seulement caractéristique des familles originelles, des groupes segmentés ou des chefferies, ou des empires traditionnels, elle irrigue la vie sociale, économique, politique de toutes les sociétés du monde. Elle est fondatrice de la culture, génératrice des civilisations.

BIBLIOGRAPHIE

Aristote, *Éthique à Nicomaque*, traduction et commentaire par Gauthier, R. A. & J. Y. Jolif, Publications Universitaires de Louvain, 1958, 3 vol., VIII, XIII, 8.

Cassirer Ernst, « Le langage et la construction du monde des objets », in *Psychologie du langage*, Paris, 1993.

Frazer James George, *Folklore in the Old Testament. Studies in Comparative Religion, Legend and Law*, (3 vol.), London, 1919.

Greimas Algirdas Julien, « La structure élémentaire de la signification en linguistique », in *Revue de L'Homme*, n° XV, vol. 4, pp. 5-17.

Jakobson Roman, *Essais de Linguistique Générale*, Paris, éditions de Minuit, Collection Arguments, 1963 (t. 1), 1973 (t. 2).

Leenhardt Maurice, *Notes d'Ethnologie Néo-calédonienne*, Collection Travaux et Mémoires de l'Institut d'Ethnologie, Paris, 1930.

Lévi-Strauss Claude, *Les structures élémentaires de la parenté*, Paris-La Haye, éd. Mouton & Co (1947), 1967.

Lévi-Strauss Claude, *Paroles données*, Paris, Plon, 1984.

Lévi-Strauss Claude, *Anthropologie structurale*, Paris, Plon (1958), rééd. 1974.

Lévi-Strauss Claude, *Le regard éloigné*, Paris, Plon, 1983.

Lupasco Stéphane, *L'énergie et la matière psychique*, Paris, Julliard, 1975.

Malinowski Bronislaw, *Argonauts of the Western Pacific* (1922). Trad. fr. *Les Argonautes du Pacifique Occidental*, Paris, Gallimard, 1963.

Mauss Marcel, « Essai sur le don. Forme et raison de l'échange dans les sociétés archaïques », in *L'année sociologique*, 2ᵉ série, (1923-1924), rééd. *Sociologie et anthropologie*, Paris, PUF (1950), 1991.

Mauss Marcel, « L'expression obligatoire des sentiments » (rituels oraux funéraires australiens), in *Journal de psychologie*, 18, 1921, rééd. *Essais de Sociologie*, Paris, éd. de Minuit, 1968-1969, p. 88.

Radcliffe-Brown Alfred, *Andaman Islanders*, Cambridge University press, 1922.

Ricœur Paul, « Le juste entre le légal et le bon », in *Lectures 1 Autour du Politique*, Paris, éd. du Seuil, 1991.

Sahlins Marshall, *Stone age economics* (1972). Trad. fr. *Âge de pierre, âge d'abondance*, Paris, Gallimard, 1976.

Sahlins Marshall, *Culture and practical reason* (1976). Trad. fr. *Au cœur des sociétés. Raison utilitaire et raison culturelle*, Paris, Gallimard, 1980.

Temple Dominique, *La réciprocité de vengeance. Commentaire critique de quelques théories de la vengeance*, Collection *réciprocité*, n° 7. 1ère publication en castillan dans *Teoría de la reciprocidad*, (3 vol.), Padep-Gtz, La Paz, 2003.

Temple Dominique, *Les deux Paroles*, Collection *réciprocité*, n° 3. 1ère publication en castillan dans *Teoría de la reciprocidad*, (3 vol.), Padep-Gtz, La Paz, 2003.

Temple Dominique, *La dialectique du don*, Paris, Diffusion Inti, 1983 ; 2de édition Hisbol, La Paz, 1986, rééd. 1995.

Temple Dominique & Mireille Chabal, *La réciprocité et la naissance des valeurs humaines*, Paris, L'Harmattan, 1995.

Verdier Raymond (éd.), *La vengeance. Études d'ethnologie, d'histoire et de philosophie*, (4 vol.), Paris, éditions Cujas, 1981-1986.

Vullierme Jean-Louis, « La juste vengeance d'Aristote et l'économie libérale », in *La vengeance*, vol. 4. *La vengeance dans la pensée occidentale*, textes réunis et présentés par Gérard Courtois, Paris, éd. Cujas, 1984, pp. 169-201.

N. B. : La plupart des articles de Dominique Temple sont disponibles en sur son site : http://dominique.temple.free.fr/

Imprimé à la demande par Lulu.com
Dépôt légal décembre 2017
Illustration de couverture : *Aerial view of the Amazon Rainforest*
(by Neil Palmer)

www.ingramcontent.com/pod-product-compliance
Lightning Source LLC
Chambersburg PA
CBHW060633280326
41933CB00012B/2020